The Wedding songs

결혼식에 필요한 모든 곡을 한 권에 담았습니다

- **축가를 위한 2부 화성 편곡 : 20곡**
- **피아노 연주곡 : 7곡**
  촛불점화, 신랑입장, 신부입장, 부모님인사,
  케익컷팅, 신랑신부퇴장, 식전&식후를 위한 연주곡
- **피아노 Trio (피아노+바이올린+첼로 챔버용) : 4곡**

INDEX

축가

"But at the beginning of creation God 'made them male and female.'
'For this reason a man will leave his father and mother and be united to his wife,
and the two will become one flesh.' So they are no longer two, but one.
Therefore what God has joined together, let man not separate." (Mark 10:6–9)

The
Wedding
songs

이렇게 아름다운 하늘 아래

조현주 & 남경식

믿음의 가정

Household Of Faith

Brent Lamb & John Rosasco

이 시간 너의 맘 속에

김수지

소중한 약속

여상원

기 다 리던 - 시간이 왔어요 - 사 람들의- 축복속에서
- 믿 음 위 에 세 우 는 가 정 만 들
어 가는 - 두 사 람 하 나 님의 - 사 랑 가 운데
- 두 사 람의- 사 랑 이 루 어 - 영원
토 록 변 하 지않기를 - 바 라 는 소 중하고- 소중한 약
속 축 하 해 요 깊 어 지 는사 - 랑 과 - 함께
걸 어 가 는 - 믿 음의 길 - 기 쁠 때 에 - 도 - 슬 플 때 에도
- 더 아 껴 주 면 서 새 로 와 지는-가 - 정 이 길

천년이 두번 지나도

조호성 & 전종혁

축복송

(좋은이웃)

설경욱

그 대를 만 난건- 주님의 축 복 이죠- -그대의 사 랑의- 섬 김이- 날
감 동 케 하죠- 그 대 를 만 난건- 주님 의 큰 은 혜죠- -그대의 손 길을- 통 하여- 주
1. Gm C F 2. Gm C
님 을 느껴요- 그 님 을 느껴요- 주 님 을 느-껴 사 랑해요 감 사해요
우 리 함께 잡 은손 - 을 언 제 까 지나 - 놓 지 말 아요 -
사 랑해요 감 사 해요 우 리 함께 했 던그 - 약 속 영 원 토록 -
지 켜 나 가 요 그 대 를 만 난건- 주님 의 축 복 이죠- -그대의
사 랑의- 섬 김이 - 날 감 동 케 하죠 - 그 대 를 만 난건- 주님
의 큰 은 혜죠- -그대의 손 길을- 통 하여- 주 님 을 느 껴요- 주 요

주가 계획하신 이 날

김수지

주 가 계획하-신 이 날 - 사 랑과 축 복이 가득-하네 - 오 래 전
주 께 서계획하신 모 습대 로 - 아 름 답고 순 -결한-시간 - 우 리 -
의 기쁨가득모-아 서 - 이 날을 진 심 으로기 뻐-해 요 - - - 앞 으
로 두 분에게사랑 과 평안-만이 - 가 득 하길-축 복 해요 - 보 세
요 우 리얼굴에비 친 이행복은두사 람 사랑때문이죠 - 오 늘 약 속 한그사랑으
로 앞 으 로도영원 하 기 - 를 - 간 절 히 - 기도 -해 요 - 우리 -
- 앞 으 로 두 분에게사랑 과 평안 -만 이 - 가 득 하길 - 축 복 해요
- 가 득 하길 -축 복 - 해 요 -

사랑은

여상원

오랫동안 - 기 다려왔죠 - 두사랑의사랑 - 이뤄지길 - 이렇
게 아름다운신 - 부와 - 그녀의멋진사 - 랑을 - 본적 없을거
예 - 요 - 지난시간속 - 에 - 서 - 마음상한적 - 있었 - 죠 서로의
반을찾아 헤메는동 - 안에 - 하지만 지금 - 서로를향한 - 사랑의언약 그
무엇보다 소중한거 라 믿어요 - - - 혼자걸어가는길 - 이 아니
라는걸알 - 아 요 - 함께하기에더 - 욱 - 의미가새 - 롭죠 - - 하나
님의축복속 - 에 잡은손놓지 - 않 고 - - - - 끝
까지 - 함께 - - 가요 사랑 - 은 - 영원한 - 거죠 -

둘이 한 몸 되리니

이준한
♩ = 126
남자 와 여자를 - 만드 신 하나님 - 께서 말씀 하시 기
를 부모 를 떠나서 - 둘이 한몸 - 되리 니
- 이제 둘아니요 - 한몸 이루어 사 랑 할찌
니 주가 주신한몸 - 나누 지 못 - 하리라
- 어떤 어려움이 - 닥쳐와도 - 두렵지않 - 아
어려움이 - 닥쳐와도 - 변화되요 - 모
요 하나 님안에서 - 축복으로 - 이룬가정 - 있으
두 하나 님안에서 - 축복으로 - 이룬가정 - 있으
니 간절 히원해요 - 한없 는 기쁨 과 평 화
니 간절 히원해요 - 머리 끝 에서 발 끝 까
가 서로 사랑하는 - 가정 에 넘 - 치기 를 어떤 를
지 주사 랑전하는 - 이가 정 이 - 되기
1. F
2. F

모든 사람들에게

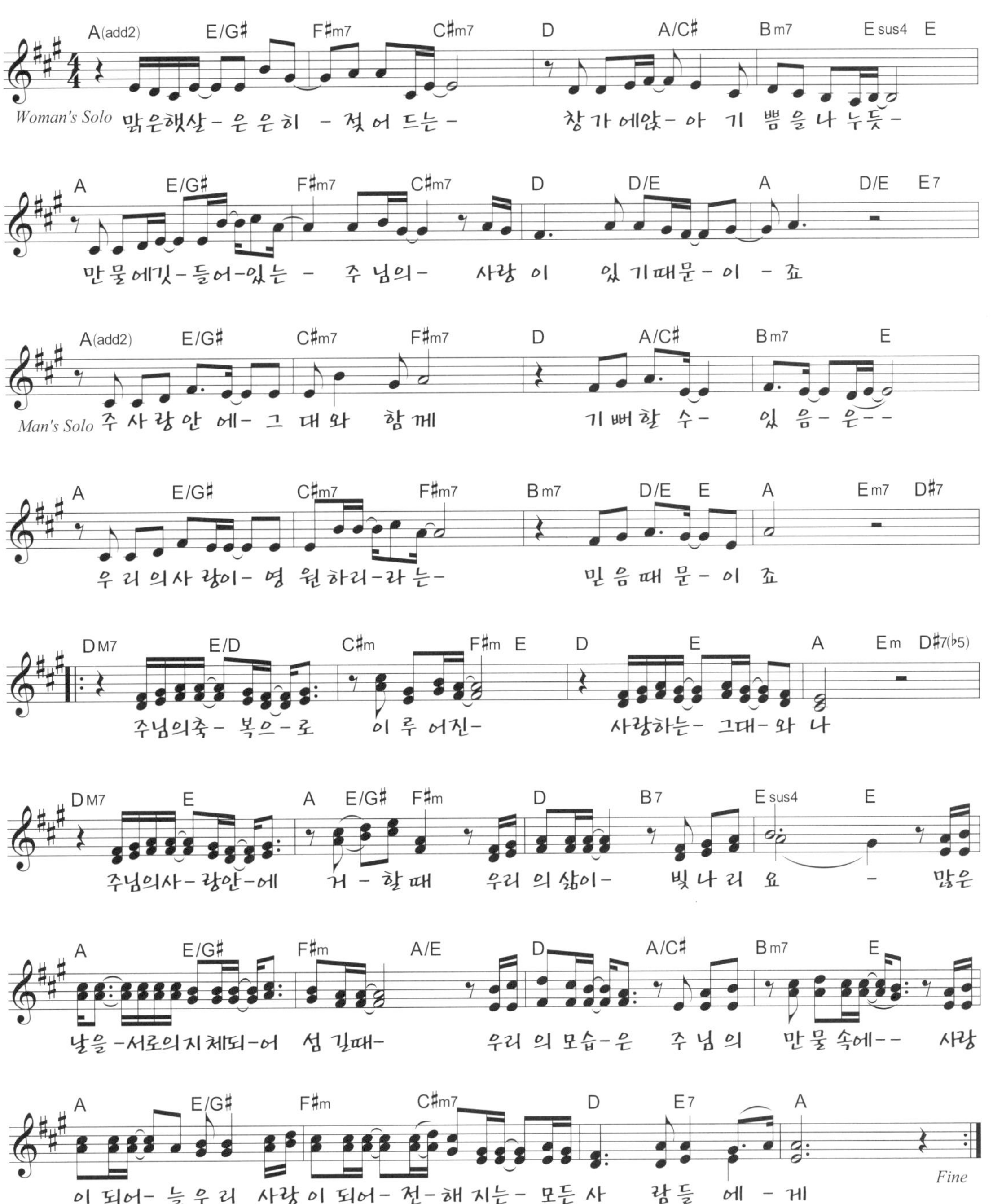
박기남
Woman's Solo
맑은햇살-은은히 - 젖어드는 - 창가에앉-아 기쁨을나누듯 -
만물에깃-들어-있는 - 주님의- 사랑이 있기때문-이 - 죠
Man's Solo 주사랑안에- 그대와 함께 기뻐할수- 있음-은--
우리의사랑이- 영원하리-라는- 믿음때문-이 죠
주님의축- 복으-로 이루어진- 사랑하는- 그대-와 나
주님의사-랑안-에 거-할때 우리의삶이- 빛나리요 - 많은
날을-서로의지체되-어 섬길때- 우리의모습-은 주님의 만물속에-- 사랑
이되어- 늘우리 사랑이되어-전-해지는- 모든사 람들 에 - 게
Fine

사랑해요, 축복해요

박석훈

처음부터 영원까지

이현정 & 민호기

축복하노라

조은아 & 신상우

이 좋은 날 기쁜 날에

유요한

이 좋은날 사랑하 는 두 사 람 여-기 머 리숙이며
어려운 순간순 간 속 에 도 서로를 사 랑하기에
- 주 님-께 함께하 심 - 비 나 이 - 다 오 - 늘 기쁜이 날
- 두 손잡고 하나되 기 - 원 합 니 -
에 - 그 다 이 좋은날 기쁜이 날 에 -
주 여 이 들과 함 께하 소 - 서 길 고 긴 인
이 들과 함 께하 소 - 서 춥 고 험 한
생 길갈동 안-- - - 서로 믿고 사랑 하는 그 - 아 름 다움
세 상살동 안-- - - 서로 돕고 의지 하는 그 -
이 언제 까지 - 나 넘 치 도 록 - 주 여 포 근 한사
랑 언제 까지 - 나 타 오 르도 록 - 이 좋은날
- 이 기쁜날 - 이 좋 은날 기쁜이 날 에

17

그대와 함께 하리

I Will Be Here

나 함께하리 -
마 지막 - 까 - 지 당 신께 - 성 실 - 하 --- 리 또
당 신을 - 내 게 - 주 신 그 분 --- 께 -
나 - 그 - 대 와 - 함 께 하리 - 우 리
를 향한 그분의 - 사 - 랑 - 결 코변함없 - 듯 - 이 ---- -
나 - 그 - 대 와 - 오 내 - 사 랑 - 나 - - 그 대
- 와 - 함 께 하리 - -

내가 너를 사랑함이라

신상우

내가 너를 사랑 하고 - 영화-롭-게 하 는데
누가 너를 정 죄 하리요 - 욕 되 게-하러 요
- 아무도 너 - - 를 - 만질 수 없음 -은 -
내가 너 - 를 사 랑 - 함이 라

사랑하는 자여

송일화

사 랑하-는 자-여 네 영 혼 이잘-됨같-이 - 네가 범 사에-잘 되-고 - 강건
하 기를-나 간-구 하 네 사 랑하-는 자-여 네 영 혼 이잘-됨같-이 - 네가
범 사에-잘 되-고 - 강건 하 기를-나 간-구 하 노라 - 주
의 그 사 랑안-에서 - 그 대 를 보-내 사 - 만 나 게하-시 고
-- - 교 제 게하-시 며 - 하 나 되게-하 신 - 나 - 의 주 님
참 참 감 사합-니 다 - 이 런 소 중한- 그 대 를바-라 보
- 며 - 나 고 백하-고 픈 -말 - 너 무
소 중한 그 대 를축-복 하 - 며 이 렇게고 - 백합- 니다

사 랑하 - 는 자 - 여 네 영 혼 이 잘 - 됨 같 - 이 - 네 가
범 사에 - 잘 되 - 고 - 강 건하 기를 - 나 간 - 구 하 - 네 사 랑하 - 는 자 - 여 네 영
혼 이 잘 - 됨 같 - 이 - 네가 범 사에 - 잘 되 - 고 - 강 건하 기를 - 나 간 - 구 하 노라
강 건 건 하기를 - 나간 - 구 하 노 라

사랑합니다

SKY & 김태훈

난 행복합-니다- 내 소중한- 사람- 그대가있-어세상이-
더 아름- 답죠- 난 행복합- 니다- 그 대를만- 난건- 이
세 상이-나 에게준- 선 -물- 이 - 죠 난
행 복합- 니다- 내 소중한- 사랑- 그 대 가있- 어 세 상이-
더 아름- 답죠- 난 행복합- 니다- 그 대를만- 난건- 이
세 상이-나 에게준- 선 물인- 거죠- 나의사 랑 - 당신을
사 랑 합 니다- 세상 이 우릴- 갈라- 놓지- 라도 - 나 의
사 랑 - 당신을 사랑 합 니다- 내 삶 이끝- 날 지 라도

당 신 만 을 - 나 사 랑 할 - 께 요 -
- 기 억 해 - 요 - 당 신 만 을 - 나 사 랑 할 - 께 요 - 나
나 언 제 까 - 지 - 나 - 나 의 사 랑 당 신 을
언 제 까 - 지 나 - - - 나 의 사 랑 - 당 신 을
사 랑 합 니 다 - 우 리 갈 라 놓 지 - 라 도 -
사 랑 합 니 다 - 세 상 이 우 리 - 갈 라 - 놓 지 - 라 도 - 나 의
나 그 댈 사 랑 합 니 다 - - 내 삶 이 끝 - 날 지 라 도 -
사 랑 - 당 신 을 사 랑 합 니 다 - 내 삶 이 끝 - 날 지 라 도 -

신부에게

이세준 & 박승화

새하얀 드레스 수줍은발걸-음 꿈꾸는 설-레 임 - 나
만을믿고 - 내 곁 에선 - 소중한그 대 - 차가운
시 선 이 우 러막아설 - 때 슬퍼도 했 - 지 만 - 어느
새그 댄 - 사랑으 로날 - - 감싸주었 죠 - 그 대
도나도아 - 닌 - 다 른이유로 - 아파 해야했던 - 날 - 참아준그 - 대 약속
모든기쁨 - 과슬픔 - 또사랑 - 함께 나눌사랑 - 을 - 난 찾은거죠 약속
할게요더 - 이상의 - 눈물은 - 없을거란 걸 -
할게요더 - 이상의 - 외로움 - 없을거란 걸
눈부신 아침 도 오 후의향기 - 도 까 만밤 하 - 늘 도

내 곁에 있는 - 그 대로 인해 - 아름다울 수 있죠
세 상 - 힘 들었던 - 만 큼 넉넉한행복 - 들을 - 드 릴거예요
늘 지금처럼 - 해맑은 - 웃음만 - 지 어 주 - 세 요
그 대 도 나 도 아 - 닌 - 다 른 이 유 로 - 아파
모 든 기 쁨 - 과 슬 픔 - 또 사 랑 - 함께
해 야 했던 - 날 - 참아준그-대 약 속 할게요더 - 이 상 의 - 눈물은 -
나 눌 사 랑 - 을 - 난 찾은거-죠 약 속 할게요더 - 이 상 의 - 외로움 -
없 을 거 란 걸 - 세 상 없 을 거 란 걸 -

축복의 샘

곽상엽

하 늘아버 지의사랑이놀 라 - 와 - 말 로 표 현할수
없는그 사 랑 - 함께기 쁨으로 모인이 자 리 -
에 그사랑 으로축 복 하 는이시 간 -
하 늘아버 지의사랑이고 마 - 와 - 아 주 오 래전에
계 획하 신 일 - 주의사 랑으로 하나되 는
이 시 간 그말씀 과그자 비 가 충만하 네 - 주가
예 비 하 신 가 - 정 - 주님의 상 과피로
세 우 신 교 - 회 - 축 복 의 샘 마 르 지 - 않

네 크신 주 의사랑 갚하지 않네
주 의손이 함 께 하 시 네 온갖
시 련과 절 망이주 의 손 을 가려도 강한
주의손 으 로 이 적과 기 사 를 행하시네 — 주의
넓 은품안 에 안 으시네 — 주가
네 — 크신 주 의사랑 갚하지 않 네
— 크신 주 의사랑 갚하지 않 네

피아노연주

"But at the beginning of creation God 'made them male and female.'
'For this reason a man will leave his father and mother and be united to his wife,
and the two will become one flesh.' So they are no longer two, but one.
Therefore what God has joined together, let man not separate." (Mark 10:6-9)

The
Wedding
songs

완전한 사랑

[신랑입장]
위풍당당 행진곡
♩ = 120
Music by Edward Elgar
ff
* take your choice

결혼행진곡

Con moto Moderato

Music by R.Wagner

21
3
f
26
rit.
a tempo
31
36

사랑의 인사

p
pp
a tempo
rit.
ten.

내가 너를 사랑함이라

종려나무

Adante maestoso

Music by Jean Baptist Faure

12
poco rall.
ff
14
mf
a tempo
16
p
18
f

broadending
Largo
a tempo
poco rit.
p
mf

축혼행진곡

Allegro vivace

Music by F. Mendelssohn

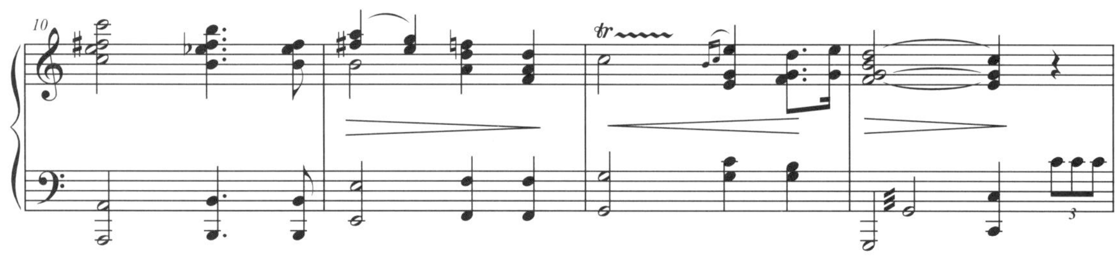

피아노TRIO

"But at the beginning of creation God 'made them male and female.'
'For this reason a man will leave his father and mother and be united to his wife,
and the two will become one flesh.' So they are no longer two, but one.
Therefore what God has joined together, let man not separate." (Mark 10:6–9)

The
Wedding
songs

[촛불점화]

완전한 사랑

D. F. B. Gurney

48

내가 너를 사랑함이라

신상우

mp
mf
mf

[케익컷팅]

사랑의 인사

Andantino

Edward Elgar

54

p
pp
pp
mf
p
dolce
p
dolce
p
rit.
pp
a tempo

pp
p   dolce   rit.
ten.
rit.

종려나무
The Palms

arco.
poco rall.
a tempo
poco rall.
a tempo

ff
poco rit.
f
a tempo
1.
2.
ff
p
mf
1.
2.
mf

초판 1쇄 2007년 10월 25일

펴 낸 곳 하늘기획
펴 낸 이 이 재 숭

등록번호 제6-0634호(1998)
주   소 서울시 동대문구 청량리 1동 235-6(미주상가)
총   판 하늘유통 Tel. 031)947-7777, Fax. 031)947-9753
I S B N 978-89-923-2067-2 (03230)

★잘못 만들어진 책은 친절히 바꾸어 드립니다.

한국교회에서 가장 많이 부르는
최신Worship&CCM
BEST100

3

※ 최신 앨범에 수록된 곡 중 베스트 100곡을 모음
※ 영문제목별 색인, 음반별 색인 수록

수록앨범

어노인팅 7집

예수전도단캠퍼스워십 5집

다리놓는사람들 예배인도자컨퍼런스2006

디사이플스 Live Worship Hero

마커스워십 Markers Live Worship

시와그림 4집

아미(A-Mi) 1집

강찬 3집

좋은이웃 4집

유스미션(Shout)

한스밴드CCM 2집

CCC NEW Song 2집

트리니티 Live Worship

• 전국기독교서점에서 구입하실 수 있습니다.
• 제작 : 하늘기획 (02-438-0691) • 보급 : 하늘유통 (031-947-7777)
• 가격 : 5,500원